3つのステップで
すぐできる！

草花あそび・しぜんあそび

4

たねや小さな実であそぼう

監修●露木和男　写真●キッチンミノル

ポプラ社

はじめに

　60年いじょう前、わたしが みなさんのように 小さかった ころ、虫を とったり、川に 魚を とりに いったり、野山で なかまたちと ぼうけんごっこを したり した ことを よく おぼえて います。

　まわりには、しぜんが たくさん ありました。楽しかったなぁ。

　今、思い出しても なつかしくて しかたが ありません。

　それは、しぜんの 中で、心が いつも ときめいて いたからです。ワクワク して いたからです。ふしぎな せかい、おどろくような せかいに、自分が 入って いくような 気が して いました。

　この 本には、しぜんで あそぶ 楽しい ほうほうを たくさん しょうかいして います。この 本を さんこうに して、じっさいに みなさんも しぜんに ふれあい、しぜんの あそびを する ことが できるのです。

　そう、わたしの 小さい ころのように、みなさんも 楽しい あそびが できるのです。

さがして みる こと、はっけん する こと、よく 見る こと、作る こと、
ためす こと、そして、あそぶ こと。
　それは、みなさんの 中に ある 「いのち」 が かがやく ことなのです。
「うれしい じぶん」 に 出会う ことなのです。

元早稲田大学教育・総合科学学術院教授　露木和男

先生・保護者の方へ

　私は、子どもたちと接するうえで、子どもの感性を守りたい、と切に願っています。
　自然と切り離された子どもは、感性が摩耗していきます。自然が子どもを育てるという考え方は、私たち大人が思っている以上に大きな意味があるのです。
　レイチェル・カーソンの著作としても知られる「センス・オブ・ワンダー」という言葉があります。「神秘さや不思議さに目を見張る感性」というような意味をもつこの言葉は、これからの日本でくらす子どもの教育にとって、極めて重要な意味をもってくるような気がしています。子どもは、細やかな日本の自然のよさに気づくことで、しなやかに成長していきます。
　そうはいっても、身近には限られた自然しかない地域も少なくありません。その中で、子どもと自然をどう触れ合わせるのか、大人の側の悩みもあります。
　このような現状を考え、子どもが進んで自然に親しむ場をつくってみたい、という願いからこのシリーズは生まれました。昔から伝えられた遊びもあります。オリジナルの遊びもたくさんあります。これは面白いと思っていただける遊びをたくさん紹介しています。
　まずは子どもと遊んでみてください。そして、自然の素晴らしさ、ありがたさ、さらには子どもたちにそれを「伝える」ことの喜びを感じていただけたらうれしく思います。

元早稲田大学教育・総合科学学術院教授　露木和男

3つのステップで
すぐできる！

草花あそび・
しぜんあそび
4

たねや
小さな実で
あそぼう

もくじ

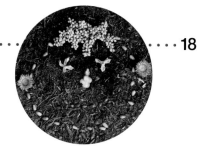

4

たねや 木の 実を さがしに 行こう!

たねや 実は、気を つけて 見ると、
みぢかに たくさん 見つかります。
とくに 秋から 冬には、いろいろな 実が つくので
さがしに 行って みましょう。

公園や グラウンド

公園や 学校の グラウンドには、
いろいろな 木や 草花が はえて いるよ。
たねや 実が ついて いないか、よく さがして みよう。

じゅんび

うごきやすい ふくそうで
出かけましょう。
とった 実を 入れる
ふくろを わすれずに。
出かける ときは、
大人と いっしょに
行くか、家の 人に
言ってから
出かけます。

11月くらいに
なると、いろいろな
木に 実が つきます。
公園に 行ったら、
木を よく 見て
みましょう。

夏の おわりから 秋に かけて、アサガオや
ヒマワリなどの たねが つきます。たねは じゅくすと
おちるので、花だんの じめんを 見て みましょう。

空き地や 野原

空き地や 野原には 草花が
たくさん はえて いるよ。
夏には みどり色だった
草が 茶色く なって、
たねや 実が できて いるよ。

「ひっつき虫」(→ 22 ページ)
を 見つけたら ようふくに
つけて みましょう。

道ばた

道ばたには、わた毛を つける いろいろな
草花が はえて いるよ。実の なる 木も 多く
うえられて いるので、よく さがして みよう。

2～3 センチメートルの 実を つける
スズカケノキや モミジバフウは、道に
そって よく うえられて います。

! 気を つけよう

! あぶない 場所には 子どもだけで 行かない

川や 池、高い ところなどは、大人と
いっしょに 行きましょう。

! 家の 人に 言ってから 出かける

だれと、どこに 行くか、何時に 帰るか、
かならず 家の 人に つたえてから 出かけましょう。

! ほかの 家の にわや はたけなどに 入らない

かってに 入って 草花や 実などを
とっては いけません。とって いいか、
その 家の 人に まず 聞いて みましょう。

! きけんな 生きものに ちゅうい しよう

ハチや 毛虫、ヘビなどは、どくを
もつ ものが います。さわったり
近づいたり しては いけません。

! たねや 木の 実を はたけや 田んぼ、にわに すてない

すてた たねや 木の 実が
そこで そだって しまう ことが あります。
もち かえって ごみとして すてるか、
もと あった 場所に かえしましょう。

チガヤの わたがし

空き地などに よく はえて いる チガヤは
5〜6月に、わた毛を たくさん つけます。フワフワに 広がった
わた毛を あつめて、わたがしを 作りましょう。

春から 初夏に おすすめ

ステップ 1

くきに はっぱが ついて いたら とる。

くきは、かれた ギシギシや スイバなど、
こまかく えだ分かれした ものが いいよ。

ステップ 2

くきで チガヤの わた毛を からめとる。

できるだけ たくさん つけよう。

たくさん ついた！

チガヤ

▶13ページも 見てね

● はえる ところ
日あたりの よい 空き地や 野原、
道ばた、川原

● わた毛が つくじき　5〜6月

チガヤは 強い 草花で、いろいろな
ところに かたまって はえます。
細長く 白っぽい 毛を つけた 花の
ほ（→１巻23 ページ）を つけます。
花の あと、たねに ついた 毛が
フワフワの わた毛に なります。

ステップ 3

丸く 形を ととのえる。

フウセンカズラの
たねの サル

かかる時間
15分
くらい

フウセンカズラの たねには、ハート形の もようが ついて います。
顔を かくと、サルのようにも 見えますよ。
小さな たねに、顔が かけるでしょうか。ちょうせんして みましょう。

夏から 秋に おすすめ

できた!

10

フウセンカズラの
たね
画用紙
（はがきくらいの
大きさ）
せっちゃくざい
ゆせいペン
（先の細いもの）

ステップ **1**

画用紙に、
せっちゃくざいで
フウセンカズラの
たねを はる。

ハート形の もようを 上に して はるよ。
5分くらい かわかそう。かんぜんに
かわかなくても だいじょうぶだよ。

小さい たねに
うまく
かけるかな？

ステップ **2**

フウセンカズラの
たねに、
ゆせいペンで
顔を かく。

ステップ **3**　画用紙に、体を かく。

フウセンカズラ

▶13ページも見てね

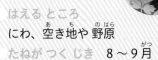

はえる ところ
にわ、空き地や 野原
たねが つく じき　8〜9月

つるを まわりに まきつけて そだちま
す。夏に 花が さいた あと、ふうせん
のような 実が つき、その 中に ハート
形の もようが ついた 黒い たねが 入っ
ています。

たねと 実の つくり

しょくぶつは、花が おわると
実が なります。実の 中には
たねが 入って います。
しょくぶつの しゅるいに よって
つくりは さまざまです。

いろいろな 実

アオキ

実の 中を
見て みよう

たね (種子)
しょくぶつが めを
出し、そだって
いくための
えいようが
入って います。

実 (果実)
中に ある
たねを まもります。

実を 半分に わった ところ

アサガオ
実
たね

リンゴ
実
たね

タンポポ
実
たね

気になる 実を
見つけたら
中を 見て みてね

●むきだしの たね

たねが 実に つつまれずに、
むきだしで ついて いる
しょくぶつも あります。

りんぺん
かたい うろこの ような
もの （3巻 19 ページ）。

アカマツ

よく
羽のように、風に のって たねを
遠くまで とばします。

たね
まつぼっくりの たねは、りんぺんの
すきまに はさまって います。

たねと 小さな 実の ずかん

みぢかな 草花や 木の、たねと 実を あつめました。
実や その 中に ある たねは、しょくぶつの しゅるいに
よって 色、形、もようが ちがいます。

🌱 この じきに さがして みよう
🔍 こんな ところを さがして みよう

オシロイバナ

たねは 黒くて、しわが あります。
たねを わると、中から 白い
こなが 出て きます。はっぱや
たねには どくが あるので、口に
入れないように しましょう。

🌱 8〜10月
🔍 日あたりの よい 空き地や 野原、
　道ばた

あそびかたは
8ページ

こんな
花が さくよ

チガヤ

白っぽい わた毛を つけた
実が、くきの 先に まとまって
つきます。かたまって
なん本も はえます。

🌱 5〜6月
🔍 日あたりの よい 空き地や 野原、
　道ばた、川原

こんな 実が
あつまって いるよ

あそびかたは
10ページ

この 中に たねが
入って いるよ

フウセンカズラ

実は ふうせんのように
ふくらんで います。
実の 中には、白い
ハート形の もようが
ついた、黒い たねが
3つ 入って います。

🌱 8〜9月
🔍 にわ、空き地や 野原

カラスノエンドウ

さやの 形を した 実が つきます。
じゅくすと 実が 黒く なり、
はじけて 中の たねが とび出します。

🌱 5〜6月
🔍 日あたりの よい 空き地や 野原、道ばた

こんな 実が
あつまって いるよ

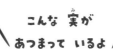

タンポポ

実（→12ページ）には、
フワフワの わた毛が
ついて います。
ボールのように 丸い 形に
あつまって つきます。

🌱 1年中
　（おもに 5〜7月）
🔍 日あたりの よい 道ばた、
　公園

ノゲシ

フワフワの わた毛を つけた
実が、上むきに ついて います。

🌱 1年中（おもに 4～11月）
🔍 空き地や 野原、道ばた

実が 半分に
われた ところ

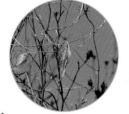

木に まきついた ようす

ガガイモ

しずく形の 実です。
わた毛を つけた
たねが たくさん
入って います。
つるが まわりに
からみながら
のびて いきます。

🌱 12～1月
🔍 空き地や 野原、
道ばた、川原

オナモミ

たくさんの かたい とげに
おおわれた 実で、中に たねが
入って います。オナモミの
なかまには、オオオナモミ、
イガオナモミが あります。
「ひっつき虫」と よばれる
ものの ひとつです。

🌱 10～11月
🔍 空き地や 野原、道ばた、川原

あそびかたは
22ページ

ススキ

白っぽい わた毛を つけた 実が、
くきの 先に まとまって つきます。
お月見の かざりに つかわれます。

🌱 9～11月
🔍 空き地や 野原、道ばた、公園、川原

ようふくや
どうぶつの 毛に
くっつくよ！

あそびかたは
22ページ

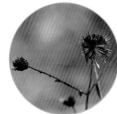
あそびかたは
22ページ

コセンダングサ

実は、ボールのように 丸い 形に あつまって つきます。
細い 実の 先には、数本の とげが あります。
「ひっつき虫」と よばれる ものの ひとつです。

🌱 10～11月
🔍 空き地や 野原、道ばた

アメリカセンダングサ

実は、ボールのように 丸い 形に
あつまって つきます。ひらたい 実の
先には、2本の とげが あります。
「ひっつき虫」と よばれる ものの ひとつです。

🌱 10～11月
🔍 空き地や 野原、道ばた

イロハカエデ
（イロハモミジ）

よく （→ 12 ページ） を もつ 実を
2つ つけます。中には たねが
入って いて、実が じゅくすと、
1つずつ、クルクルと 回りながら
おちます。

🌱 5～6月
🔍 公園、道ばた

ヒマワリ

実は 細長い たまご形で
ひらたいです。
黒色と 白色の
しまもようが あります。

🌱 9～10月
🔍 日あたりの よい 道ばた、
公園、学校

サクラ

赤色や 黒色の 丸い 実が つきます。
くだものとして そだてられて いる
サクラの 実は、「サクランボ」とも
よばれます。

🌱 5～6月
🔍 日あたりの よい 道ばた、公園、学校

コブシ

実が いくつも あつまって
つきます。じゅくすと 実が
さけて 中から
赤色の たねが 出て きます。

🌱 9～10月
🔍 道ばた、公園、学校

ハナミズキ

えだの 先に、
赤い 実が いくつか
あつまって つきます。

🌱 10～12月
🔍 道ばた、公園

マテバシイ

どんぐり

ブナや、ブナの なかまの
木に つく 実です。
えだの 先に 茶色い 実が
まとまって つきます。

🌱 10～11月
🔍 公園、道ばた

「どんぐりの ずかん」
（→ 3巻 20 ページ） も 見てね

ナンキンハゼ

えだの 先に プックリ した
黒い 実が つきます。
実は 3つの へやに 分かれて
います。それぞれに 白い
たねが 1つずつ 入って いて
鳥が 食べに やって きます。

🌱 10 〜 1月
🔍 道ばた、公園

 あそびかたは
28ページ

クチナシ

実は じゅくすと オレンジ色に なります。
実の 中には、かたくて 小さい たねが
ギッシリ つまって います。ほした 実を にて、
りょうりなどの 色づけに つかいます。

🌱 11 〜 1月
🔍 公園、にわ

まつぼっくり

マツの 木に つく 実です。
かたい りんぺん
(→ 12 ページ) が
ついて います。

🌱 10 〜 12月
🔍 公園、海べ

アカマツ

「まつぼっくりの ずかん」
(→ 3巻 22 ページ)
も 見てね

モミジバフウ

実の まわりに 細い
トゲトゲが ついて います。
じゅくすと 中から
よく (→ 12 ページ) を
もつ たねが 出て きます。

🌱 11 〜 12月
🔍 道ばた、公園、学校

あそびかたは
32ページ

アオキ

えだの 先に、いくつもの たまご形の
実が あつまって つきます。

🌱 12 〜 3月
🔍 公園、道ばた

センリョウ

赤色や 黄色の、丸い 実を
つけます。実を たくさん つける
ようすから えんぎものとして
正月の かざりに つかわれます。

🌱 11 〜 2月
🔍 道ばた、公園、林

木の 実で 顔を かこう!

木の 実には、いろいろな 形や 色が あります。
いろいろな 木の 実を あつめて、顔を かいて
みましょう。どんな 顔に なるでしょうか?

秋に おすすめ

● いろいろな 木の 実

ステップ1

どんな 形の
木の 実を
見つけられるかな?

木の 実を
ならべて
顔の 形を
作る。

ステップ2

目や 口、はなに
なるように、
木の 実を おく。

できた!

ステップ3

かみの 毛や
かざりなどを
じゆうに つける。

17

たねの ヨーヨー

かかる時間
10分
くらい

カプセルトイの 入れものに たねや 実を 入れた ヨーヨーを 作りましょう。
シャラシャラと 音が なるのも、楽しいですよ。

ステップ 1

わゴムを 3本 つなげる。

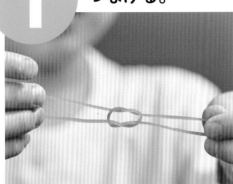

つながった!

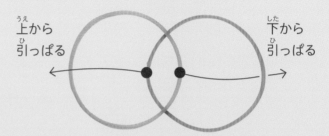

まず 2本の わゴムを かさねて おきます。
それぞれ ●を つまんで 引っぱります。

上から
引っぱる

下から
引っぱる

もう 1本の わゴムを 右の わゴムに かけて、
それぞれ ●を つまんで 引っぱります。

下から
引っぱる

❶の わゴムの 先を
カプセルトイの
入れものの ふたの
あなに とおす。
もう かたほうの
わに 入れる。

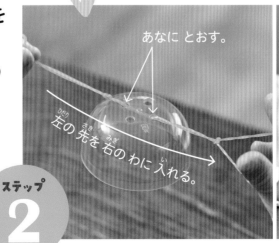

あなに とおす。

左の 先を 右の わに 入れる。

ステップ 2

ようするもの

ヒマワリなどの
たねや実
わゴム 3本
カプセルトイの
入れもの

わゴムが 切れて、
ヨーヨーが とんで
いかないよう、力を
入れすぎないでね

ビヨ〜ン！

わゴムに ゆびを
とおして あそぼう！

ステップ 3

カプセルの 下に なる ほうに
たねを 入れて、ふたを する。

できた！

木の 実を 入れても
いいですね。

どんぐりを
入れたよ

19

たねの たいこ

たねの おもさや 形によって、音が かわるので、
いろいろな たねで ききくらべて みましょう。手で もって ふると、音が よく ひびきます。

たねは
口に
入れない

ステップ 1

ふうせんの 口を 切りおとして、
トイレットペーパーの しんの かたがわに かぶせる。

こっちを
つかうよ。

広げて……

かぶせるよ

ステップ 2

はんたいがわから、
たねを 入れる。

オシロイバナや アサガオの たねなら、
10 〜 20 こくらい 入れると
いい 音が するよ。

ステップ 3

❶と 同じように、
ふうせんを 切って かぶせる。

できた！

ふると、音が
よく ひびくよ

よういするもの
● オシロイバナや
　アサガオなどの たね
● ふうせん（22 センチ
　メートルくらいの もの)
　2 こ
● はさみ
● トイレットペーパーの
　しん

どんな 音が
するかな？

ふって
みよう！

もっと
楽しく♪

いろいろな たいこを 作って、音を くらべよう。

● 入れる
　ものを
　かえると、
　音が
　かわるよ。

どんぐり

カエデの
たね

● 大きさの
　ちがう
　つつを
　つかって
　みよう。

ガムテープの
しん

ラップ
フィルムの
しん

21

ひっつき虫の チクチク マスコット

いろいろな ひっつき虫で、とげの ある 生きものを 作りましょう。

秋に おすすめ

オナモミの 実

たくさん くっつけよう！

アメリカ センダングサの 実

コセンダングサの 実

できた！

22

センダングサや
オナモミなどの
実（ひっつき虫）
白色の フェルト
えんぴつ
はさみ
ペン

ステップ 1
フェルトに すきな
生きものの 形を かく。

ハリネズミを
作るよ！

ステップ 2
①の 線に そって
フェルトを 切る。

切れた！

ステップ 3
ひっつき虫を つけて、
目を かく。

とげに
ちゅういして
もとう

センダングサ
▶14ページも 見てね

コセンダングサ

アメリカ
センダングサ

はえる ところ
空き地や 野原、道ばた
実が つく じき　10 〜 11 月

夏から 秋に、黄色い 花が さきます。花が おわると、とげの ついた 実が 丸く まとまって つき、ようふくや どうぶつの 毛などに くっついて 遠くまで はこばれます。コセンダングサの 実は 細長く、アメリカセンダングサの 実は ひらたい 形を して います。

● オナモミ（→14ページ）も 見てね

木の 実の コレクション

きれいな 色や、かわった 形の 木の 実を 見つけたら、
名前を しらべて かざりましょう。
しゃしん立てを つかえば、いろいろな 場所に おけますね。

秋に おすすめ

すてきな
コレクションを
作って
じまんしよう!

ガマズミ

ピラカンサ

シャリンバイ

シロヤマブキ

コムラサキ

ナンキンハゼ

24

いろいろな 木の実
しゃしん立て
紙ねんど
紙
はさみ
ペン
せっちゃくざい

ステップ 1

しゃしん立ての ガラスの 上に、
紙ねんどを のばす。

すみずみまで たいらに のばすよ。

ステップ 2

木の 実を 紙ねんどに うめる。

紙ねんどが かわく 前に うめよう。

細く 切った 紙に
木の 実の 名前を かいて、
せっちゃくざいで はる。

ステップ 3

木の 実の 名前は、
ずかんなどで
しらべよう！

としょかんに 行くと、木
の 実を しらべられる ず
かんなどの 本が ありま
す。この 本の ずかんペー
ジ (→ 13 ページ) も 見
て みましょう。

やってみよう！
たねや 木の 実の コレクション

たねや 木の 実を あつめたら、きれいに まとめて かざって みよう。
いろいろな かざりかたを しょうかいするよ。

空きばこに 入れて

大きな 実や 形が かわって いる 実は、
はこに 入れるのが おすすめです。

フヨウ

クチナシ

カラスウリ

スズカケノキ

ツバキ

モミジバフウ

よういするもの
- たねや 木の 実
- 空きばこ
- おかずカップ
- 紙
- ペン
- はさみ

しきりの ある
チョコレートの はこなら、
そのまま つかえるね！

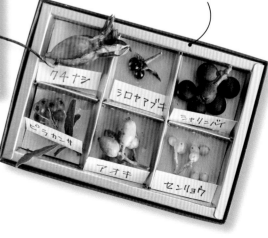

クチナシ
シロヤブコ
ピラカンサ
シャリンバイ
アオキ
センリョウ

紙を 細長く 切って
たねや 木の 実の
名前を かく

おかずカップに
入れる

紙に はりつけて

たねや 小さな 実、えだが ついて いる ものに
おすすめの ほうほうです。

よういするもの
- たねや 木の 実
- 画用紙
- セロハンテープ
- あれば マスキングテープ
- ペン

セロハンテープで はる

マスキングテープに
名前を かいて はる。
画用紙に ちょくせつ
かいても いい

マユミ

ナンテン

ピラカンサ

アオキ

マンリョウ

ガマズミ

クコ

ツルウメモドキ

しゃしん立てに はりつけて

たねに おすすめの ほうほうです。
しゃしん立ての ガラスを とって、
いたに ちょくせつ はりつけます。
画用紙に はりつけて、しゃしん立てに
入れても いいでしょう。

よういするもの
- しゃしん立て
- たねや 木の 実
- せっちゃくざい
- マスキングテープ
- ペン

せっちゃくざいで
はる

マスキングテープに 名前を かいて
はる。小さく 切った 紙に かいて、
せっちゃくざいで はっても いい

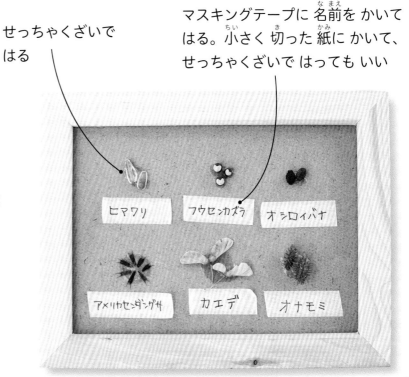

ヒマワリ

フウセンカズラ

オシロイバナ

アメリカセンダングサ

カエデ

オナモミ

クチナシの 実の ハンカチぞめ

かかる時間
15分
くらい

秋から 冬に おすすめ

クチナシの 実は、むかしから りょうりに 色を つけるために つかわれて きました。
きれいな 色を いかして、ハンカチに 絵を かいて みましょう。

ステップ 1

クチナシの 実の 先を、紙やすりで こする。

クチナシの 実を きずつけて、
色が よく 出るように するよ。

ステップ 2

もう 1 まいの 紙やすりの 上に、ハンカチを のせる。

①の 紙やすりを つかうと、ハンカチに
色が うつって しまうので、
べつの 紙やすりを つかうよ。

ステップ 3

クチナシの 実の けずった ところに 水を つけて、ハンカチに 絵を かく。

紙やすりの 上で かくと、色が よく 出るよ。

**ゴシゴシ 力を 入れて、
こするように かこう**

きれいな
黄色だね

よういするもの
● クチナシの 実
● 紙やすり ２まい
● 白色の ハンカチ
  水を 入れる
  入れもの
  水

トンボを
かいたよ！

クチナシ
▶16ページも見てね

うえられている ところ
公園、にわ
実がつくじき　11〜1月

せの ひくい 木で、6〜7月ごろ、かお
りの よい 白い 花を さかせます。実は
むかしから、りょうりに 色を つける
ために つかわれて きました。

29

わた毛の ベッド

かかる時間 **5**分 くらい

道ばたや 公園、空き地、野原には、
わた毛を つける 草花が たくさん あります。
わた毛を 見つけたら、あつめて ベッドに して みましょう。

ステップ 1 わた毛を とる。
わた毛を しっかり
つかんで ぬくよ。

ステップ 2 はこの 中に わた毛を つめる。

とんで
いかないよう
ギュッと
つめてね

いきを かけると
とんで しまうよ。
気を つけてね

ステップ 3

顔を かいた
どんぐりを ねかせて
はっぱの ふとんを
かける。

フワフワ

スヤスヤ

よういするもの

ベニバナボロギク、
ノゲシ（→ 14 ページ）
などの わた毛
キャラメルなどの
はこ
顔を かいた
どんぐり
やわらかい
はっぱ

フワフワの
ベッド
気もち
よさそうだね

もっと
楽しく♪

いろいろな わた毛で 作って みよう。

●ススキ
（→ 14 ページ）の
わた毛で 作った
ベッドだよ。

●ガガイモ
（→ 14 ページ）の
わた毛の ベッドに、
木の 実で 作った
虫を ねかせたよ。

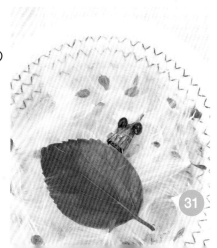

アオキの 実とばし

かかる時間
1分
くらい

冬に なって、アオキの 実が 赤く なって きたら、
ゆびで つまんで、とばして あそびましょう。

▶ 冬に おすすめ

とんだ！

とばした あとは
かわが のこるよ

32

ステップ1

アオキの 実に、
つめで きずを つける。

グルリと 1 しゅう
きずを つけるよ。

ステップ2

アオキの 実を、
おやゆびと
ひとさしゆびで
はさんで もつ。

❶で つけた きずの 下を もつよ。

ステップ3

つまむように ゆびに
力を 入れて、
アオキの 実を とばす。

うまく
とばせるかな?

アオキ

▶16ページも 見てね

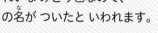

うえられて いる ところ
公園、道ばた
実が つく じき 12〜3月

冬から 春に、たくさんの 実を つける
せの ひくい 木です。はっぱが 冬でも
きれいな みどり色なので、
この名が ついたと いわれます。

たねの たび

しょくぶつは どうぶつと ちがって
自分では うごけません。新たな 場所で めを 出し、
なかまを ふやすために、しょくぶつたちは
さまざまな ほうほうで たねに たびを させます。

たねを べつの
場所に はこぶための、
いろいろな さくせんが
あるんだね!

風に のって はこばれる

パラシュートのような わた毛や、つばさのような よく（→ 12 ページ）などによって、
風に のって 遠くまで とんで いきます。

1 風で 実が とばされる。

タンポポ

2 風に のって 遠くまで
はこばれる。

3 じめんに おちて
たねから めが 出る。

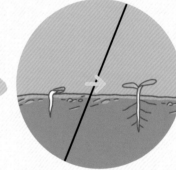

はじけて とんで いく

じゅくした 実が はじけて、中に ある たねを とびちらせます。

1 じゅくすと 実が
ふくらむ。

カタバミ

2 実が われて たねが
とびちる。

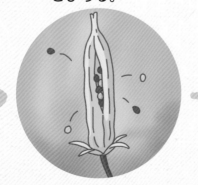

3 じめんに おちて
たねから めが 出る。

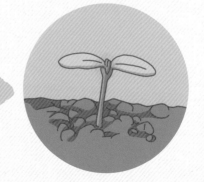

食べられて はこばれる

どうぶつが 実を 食べると、たねは おなかの 中に とどまり、どうぶつが いどうした 先で フンとして 出て きます。
実の 目立つ 色は、食べられる ための くふうの 1つです。

1 実を 鳥が 食べて、遠くまで いどうする。

ナンテン

2 鳥の フンと いっしょに じめんに おちる。

3 たねから めが 出る。

水に ながされて はこばれる

水べに はえて いる しょくぶつの たねは、実や たねが 水に ういて ながされ、遠くまで はこばれる ことも あります。

1 じゅくした 実が おちて、海の 中に 入る。

ココヤシ
（ココナッツ）

2 海の なみに のって、遠くまで はこばれる。

3 ながれついた 先で たねから めが 出る。

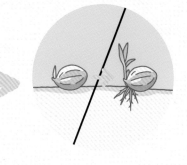

くっついて はこばれる

実の まわりに ついた とげが、ようふくや どうぶつの 毛に くっついて、はこばれます。

1 どうぶつに くっつく。

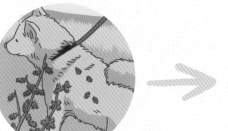

オナモミ

2 どうぶつが 遠くまで いどうする。

3 じめんに おちて たねから めが 出る。

おすすめの しぜんあそびを つたえよう

しぜんの ものを つかって、どんな あそびが できましたか？
お気に入りの あそびを、「しぜんあそび おすすめカード」に
まとめて、みんなで 見せあいましょう。

「しぜんあそび おすすめカード」には こんな ことを かこう！

何て いう
あそびなの？

どうして
おすすめ
なの？

何を
つかうの？

きみの おすすめの
あそびを おしえてね！

あそんだ
ところを
見たいなぁ！

どうやって
あそぶの？

カードに
まとめてみよう！

ほかにも こんな ことを おしえて！

- むずかしかった ところ
- じょうずに あそぶ コツ
- さわった かんじや 聞こえる 音など、気づいた こと

「しぜんあそび おすすめカード」の かきかた

「しぜんあそび おすすめカード」と「ひとことカード」は、この 本の さいごに あります。
先生や おうちの 人に コピーして もらって つかいましょう。

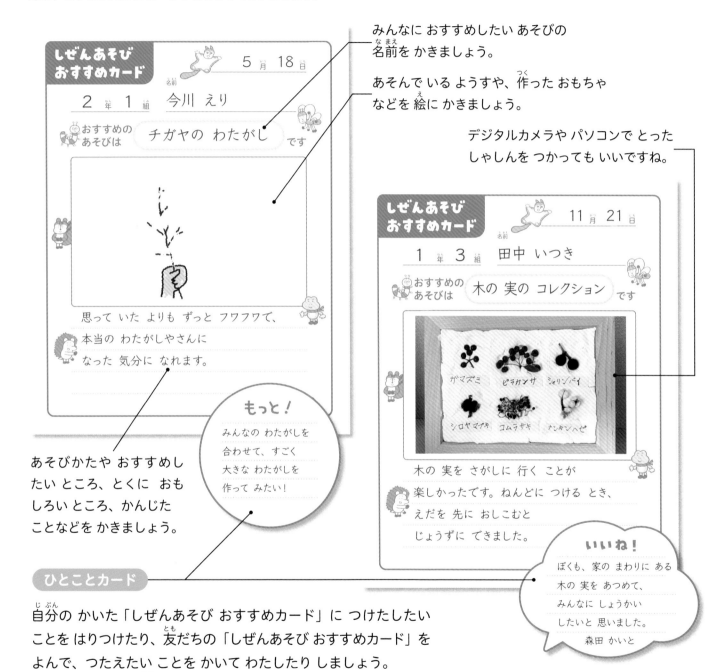

みんなに おすすめしたい あそびの
名前を かきましょう。

あそんで いる ようすや、作った おもちゃ
などを 絵に かきましょう。

デジタルカメラや パソコンで とった
しゃしんを つかっても いいですね。

しぜんあそび おすすめカード

5 月 18 日

2 年 1 組　今川 えり

おすすめの あそびは　チガヤの わたがし　です

思って いた よりも ずっと フワフワで、
本当の わたがしやさんに
なった 気分に なれます。

もっと！
みんなの わたがしを
合わせて、すごく
大きな わたがしを
作って みたい！

あそびかたや おすすめし
たい ところ、とくに おも
しろい ところ、かんじた
ことなどを かきましょう。

しぜんあそび おすすめカード

11 月 21 日

1 年 3 組　田中 いつき

おすすめの あそびは　木の 実の コレクション　です

ガマズミ　ピラカンサ　シャリンバイ
シロヤマブキ　コムラサキ　ナンキンハゼ

木の 実を さがしに 行く ことが
楽しかったです。ねんどに つける とき、
えだを 先に おしこむと
じょうずに できました。

いいね！
ぼくも、家の まわりに ある
木の 実を あつめて、
みんなに しょうかい
したいと 思いました。
森田 かいと

ひとことカード

自分の かいた「しぜんあそび おすすめカード」に つけたしたい
ことを はりつけたり、友だちの「しぜんあそび おすすめカード」を
よんで、つたえたい ことを かいて わたしたり しましょう。

もっと！…もっと 楽しい あそびに するための アイデアや、
　　　　　ふしぎに 思った ことなど。

いいね！…友だちの「しぜんあそび おすすめカード」を よんだ
　　　　　かんそうや、しつもんなど。

37

そざいと あそびの さくいん

このシリーズで しょうかいした あそびと、それに つかった そざいを、あいうえおじゅんに ならべて います。

監修 露木和男(つゆき かずお)

福岡県生まれ。筑波大学附属小学校教諭を経て、2009～2020年の11年間、早稲田大学教育・総合科学学術院教授。現在は「早稲田こどもフィールドサイエンス教室」指導統括をしている。主著に『小学校理科 授業の思想―授業者としての生き方を求めて』(不昧堂出版)、『「やさしさ」の教育―センス・オブ・ワンダーを子どもたちに―』(東洋館出版社)などがある。

植物監修	渡辺 均(千葉大学環境健康フィールド科学センター教授)
あそびプラン考案	露木和男、渡辺リカ(アトリエ自遊楽校)

写真	キッチンミノル
モデル	有限会社クレヨン
	(遠藤優月、篠原由茉莉、渋谷いる太、関野レオ、福田梓央、藤野誠吾、本多すみれ、丸崎 琴)

デザイン	鷹觜麻衣子
キャラクターイラスト	ヒダカマコト
イラスト	藤本たみこ
DTP	有限会社ゼスト、有限会社M＆K
校正	夢の本棚社
編集	株式会社スリーシーズン(奈田和子、藤木菜生)

撮影・写真協力	葛飾区観光フィルムコミッション、水元公園、みらい館大明、ピクスタ、フォトライブラリー

3つのステップですぐできる!　草花あそび・しぜんあそび 4
たねや小さな実であそぼう

発行	2023年4月　第1刷

監修	露木和男
写真	キッチンミノル
発行者	千葉 均
編集	片岡陽子、湧川依央理
発行所	株式会社ポプラ社
	〒102-8519　東京都千代田区麹町4-2-6
	ホームページ　www.poplar.co.jp(ポプラ社)
	kodomottolab.poplar.co.jp(こどもっとラボ)
印刷・製本	図書印刷株式会社

あそびをもっと、
まなびをもっと。
こどもっとラボ

ISBN 978-4-591-17622-1　N.D.C.786　39p　27cm　　　　　© POPLAR Publishing Co., Ltd. 2023　Printed in Japan

3つのステップですぐできる！

草花あそび・しぜんあそび

全**7**巻

監修●露木和男　写真●キッチンミノル

小学校低～中学年向き

N.D.C.786　AB判　オールカラー

図書館用特別堅牢製本図書

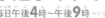

しぜんあそび おすすめカードと ひとことカード

右の しぜんあそび おすすめカードと 下の ひとことカードは、
コピーして つかいます。

A4 サイズの紙に原寸でコピーしてください。モノクロでもコピーできます。

つかいかたは
36〜37ページを
見てね

ひとことカード

太い 線で 切りとって つかいましょう。

もっと！

いいね！

じゆうに
つかってね